JN440305

누군가 말을 걸었다

우유진 시집

시인동네 시인선 099

우유진 시집

누군가 말을 걸었다

시인동네

시인의 말

꿈을 꾸면 언제나 학교였다.
아는 사람과 모르는 사람
인사를 한 사람과 모른 척 지나가는 사람
대개 내 꿈의 레퍼토리는 아는 사람들이
나를 스쳐가는 것이었다.
처음에는 울었다. 그러다 꿈이 지속될수록
꿈속에서조차 저들이 왜 그럴까, 왜 그랬을까.
잠에서 깬 다음에도 생각한다. 왜 그랬을까.

시인이라는 말은 언제나 무서웠다.
꿈처럼 나를 모른 척하는 말 같았다.

바람이 명물인 동네에서 살면서
나도 바람이 되어야겠다고 다짐한다.
누군가에게 꼭 필요한 바람,
등을 미는 바람이 아닌 포근히 감싸 안아주는 그런.

2018년 가을 칭다오에서
우유진

차례

제2부

제3부

제1부

흰 못

새 집으로 이사를 했다 하얗게 칠해진 벽
액자 하나 걸지 않은 평평한 모서리
꽃자리를 찾아온 나비가
날개 잠을 자듯 박힌 흰 못 하나
옛 주인은 벽을 못에다 걸어둔 채 떠났나 보다
담담한 얼굴처럼
한 점으로 남은 향기가 빛을 따라 퍼진다
아침에서 점심으로 가는 머언 길
고단한 이목구비는 흰 벽 위를 배회하고
무성한 이야기로 깊어가는 밤
손잡아도 전해지지 않을 체온만큼
부유하다 고인 흰 벽이 못을 잡는다
변하지 않을 중심이란 목을 내어주는 일
새 집은 결코 무너지지 않는다는 말에
마음 놓고 별이 진다

다정한 울음

마지막 불씨가 꺼질 즈음에
재를 이불 삼아 나란하게 누웠다
주머니 속 콩을 모르던 날에도
머언 우렛소리에 몸이 떨려왔다
뼈도 없는 체온에 매달리며 서로를 만질 때
아직은 부끄러움이 남아 있다고 속삭였다
익어가는 향기에 달은
빛을 잃고 그럴 때마다 남겨둔 음식이 생각났다

꽉 오므린 손가락
빽빽하게 박힌 얼굴
이름을 삼키니 울음은 쉬운 일이었다
바람이 인다 하여도
다정한 낮의 기도는 팔짱을 낀 채로 잠이 들었다
꿈꾸던 가슴마저 울음에게 넘긴
성실한 우리에게
활짝 열린 바닥은 미래만큼 풍요로웠다

약속처럼 보리 익는 냄새가 풍겼다
마지막이 궁금한 소년과 소녀는
발이 타는 줄도 모른 채 앉아 있었다
결국 소년이 다 타버렸을 때
손을 털며 잠을 청하는 소녀의 얼굴은
초대 받지 못한 손님처럼 하얗게 물들었다

꽃만 잘 키우면 돼
—언니에게

바지 지퍼가 벌어져 있어도 괜찮아
손톱에 때가 껴 있어도
웃을 때 이가 보이지 않아도
꽃만 잘 키우면 돼

주머니 속 열쇠를 잃었다 하여도
엄마의 가시 돋친 말들에 피가 난다 하여도
눈물은 언제나 간이 잘 맞는다

빛보다 멀리 간다는 소리에
담벼락이 소곤댄다
큰 딸내미는 여태 그렇다메,
서투른 글씨처럼 닿지 않을 인연이라도
행복은 남들처럼만

퉁퉁 부은 꽃잎
모가지가 옆으로 꺾여 있다 하여도
괜찮아 꽃만 잘 키우면 돼

턱 하고 젖은 수건을 던져놓는다

등짝이 드러난 언덕에서
코를 삼키며 웃는 아이들
봉지째 싸고 오는 화분에서는
어느 골짜기로부터 버림받은
흉내 내지 못할 수고로움

떼어놓고 보는 꽃이다 잎이다
가지를 둥글게 말아 뿌리까지 닿게 하면
새끼를 치고 뒤집어 흙을 털다 묻는다
제때에 옮겨 심어야 했었어 좁은 화분은 언제나 문제야

새 구두를 사야 해

도표를 몰라도 지도는 쉽게 읽혔고 어느 장소에서든 그를 만날 수 있었다 그와 나란히 지붕 끝에 앉아 공중에 걸린 운동화를 바라보았다 밑창이 뒤집혀 있어도 속은 우물처럼 깜깜하였다 그 속에서만 내가 보이고 내 뒤로 하늘이 펼쳐질 거라고 그가 속삭였다 한참을 들여다보았지만 발이 닿지 않는 운동화 안으로 따르릉, 자전거가 울린다

겨울이 오기 전에 새 구두를 사야 해 세일이라고 적힌 가게 유리창 앞에서 제일 높은 구두를 가리켰다 올라갈 수 있다면 다시는 내려오지 않을 거야 하늘 위를 나는 기분으로 새 구두에 코를 맞추고 손가락 자국을 새겨놓았다 금방이라도 부러질 듯한 구두를 신고 빙글빙글 돌다 거울 앞에 서면 벌어진 운동화가 보였다 일부러 꺾어 신은 뒤꿈치가 수상한 열매처럼 노랗게 익고 있었다

상자 속에는 흰 종이가 구겨져 있다 깊은 밤을 펴내는 방법을 알고 싶어 아래에서부터 쏘아올린 폭죽처럼 울리는 또깍. 또깍. 또깍. 오늘밤도 밖이 궁금하였지만 발이 자랄 시간

이었다 몇 번이나 고쳐 신은 운동화를 두 팔로 꽉 안고 가슴까지 끌어당긴다 페달을 밟을수록 겨울은 멀어졌다

벽

—신부를 안고 달아나는 다리가 긴 남자를 위하여

1.

잠들지 않은 꿈이 거미발로 지나간다

2.

손잡이를 그린다
문이 열리고
발들이 잔칫집 요리만큼 이야기를 달고 온다
낯선 향기에 귀를 세우니
물방울처럼 터지는 하루
손가락 사이사이 반짝이는 구슬처럼

3.

문마다 창을 그린다
스테인드글라스 유리도 끼워 넣고
따뜻한 커튼도 매단다 창가에는 시클라멘을 올려두고
꽃을 따라 오는 노란 나비와 부지런한 꿀벌
그리고 소꿉놀이를 하는 어린아이 둘까지

벽이 없었더라면
아이는 태어나지 않았을 것이다
견고한 흰 벽을 채우는 변함없는 밤을 위하여

4.
달리고 달려도 이 벽을 넘을 수가 없다

손톱 밑이 붉어졌네

어릴 때 등이 자주 가려웠다
가려운 자리를 긁다 보면 땀이 손톱에 스밀 때도 있었고
어떤 밤에는 붉게 핏방울에 맺힐 때도 있었다
그럴 때마다 등을 쓰다듬어주던 L, 긴 머리로 눈을 가린 채
귓불에 입을 바짝 대고 속삭였다 깃털을 훔쳐 갈지 모르니
바닥에서 등을 떼면 안 돼
그리하여 무거운 가방을 멘 채로 잠이 들었고 잠에서
L에게 편지를 쓴다

날마다 무거워지는 가방이었다
내려놓을 수 있다는 생각만으로도
손톱 밑이 붉어졌다
구부정한 몸 위로
검은 개가 천천히 지나간다 목이 마르다

가방에 물병이 있을 거라 생각했지만
속을 들여다볼 용기가 없었다
긴 수염처럼 늘어진 소문에 토마토가 터지듯 울었다

날개는 없었지만 누구에게라도 등에 대해
듣고 싶었다

꿈처럼 자라라 쉬지 말고 자라라 그리하며
어른이 되어라 어른만 되어라
부드러운 말에 눈물이 핑 돌았다
내 이름은 L이다

누군가 말을 걸었다

매미가 운다 저 울음을 따라 걸으면
어느 곳에 닿을까

정지 화면처럼 길에는
사이렌 소리가 빨갛게 활개를 쳤다
굵은 선이 그어진 하늘 아래
여자와 곧 태어날 아이와 사라진 기도가
피뢰침으로 서 있었다
긴 메아리처럼
지나가는 사람들은 산파였다가
오빠였다가 아는 언니였다가 결국은
느닷없이 핀 꽃이었다

바람에 날린 흰 속옷
하필 걸려도 초록 잎과 잎 사이
그래서 한 번 더 쳐다보게 되는 하늘
울음 끝에 걸터앉은 여자는
내려가지 못할 소리 앞에서 최초의 인간처럼

자유롭다

나란하게 신발을 벗어두는 일
기억을 지우는 대신
실시간으로 전송되는 삶
한 줄의 글은
아무 때나 그녀를 불러낼 것이다

소리 끝에 핀 꽃은 까치발을 높이 쳐든 채
일부러 작아진다
눈을 부릅뜨고 찾아보지만
부끄러움은 언제나
희게 걸린 속옷만의 몫은 아니었다
두 손 포개고 너울대다
한껏 부푼 긴장을
떠받치듯 울어대는 매미
촘촘하게 짜인 울음이 말을 걸었다

놓아주지 않았네

문이 열리기만을 기다린다
차를 끓이고 마시다
시시한 농담을 할 창에
출입금지

녹색 테이프가 덕지덕지 붙어 있다

머리를 땋던 손가락 끝을 물고
늘어지는 골목
쉬. 쉬. 쉭.
주전자 가득 물은 끓고
휘파람 소리만 요란한
은정이가 없는 은정 다방
은정이를 모르는 은정 다방

입속 가득 백설탕을 머금은 눈웃음에
바람 없이 흔들리던 가겟집 팻말

뚝 뚝 썰어 올린 지붕들
벌어진 틈으로 꾸덕하게 덩어리진 별이
환하게 빛나도

보라색 파카를 입은 여인이
허리를 숙인 채 골목을 말며 지나간다
보랏빛으로 물든 짧아진 길에
이빨 자국이 선명한 종이컵이 꽃잎처럼 굴러다닌다

새벽 3시

병원을 들락거렸어,

당신의 목소리가 잘 들리지 않아요
조금 더 크게 말씀해보세요
여기는 연구실이고 나는 조교에요

시든 꽃만큼
빼돌린 아이들의 키득거림을
한 움큼 집어삼켜요
형광색 알약은 무지개일까요
높은 곳에서만 잘 보여요

입을 크게 벌려보세요
혀를 힘차게 내밀어보세요
그녀가 들려주었나요?

엘리베이터를 가로막고 서 있는
눈이 푸르게 나를 삼켜요

캐비넷을 활짝 열어두세요

비상구에 대한 메모를 적습니다
너스들은 언제나 아름답습니다
제복에 어울리는 붉은 입술
약은 3일치만 주세요

테이블

큰 가방 안에는 아무것도 넣지 않아
지퍼를 세게 잡아 내린다

골짜기를 지나 풀밭을 불러내는
긴 테이블
하늘은 주름마저도 예뻤는데
무지갯빛 원피스를 입은 그녀를 생각하니
점점 더 길어지는 테이블이다

젓가락보다는 날씬한 포크와
반짝이는 나이프가 어울리는 테이블 위
제각각 화려한 접시에 넋을 잃다가
바닥에 벌렁 누웠어요
브래지어를 하지 않아 가슴이 납작해져도
옹골차게 영근 포도송이는 변함이 없네요

테이블,
찰싹 달라붙은 부끄러움에

입술을 오므리며 발음하고
혀끝이 부딪힐 때마다 주위를 둘러봐요

노란 리본을 한 큰 가방
초원의 식사는 아직 끝나지 않았는데
아무렇지 않게 엉덩이를 털어요
날씬한 다리를 곧게 뻗은 테이블이
두 개의 지퍼를 쭈우욱 끌어 올려요

용서

흰나비였다
꽃잎처럼 붙어서 아래에서 위로 오르는
펄럭임

찬 공기가 와장창 깨진다

말할 수 없는
말들이 방을 채우고
구겨진 전화기가 무겁다

입김을 터는 늙은 경비원
줄긋지 않을 길 위로
짧은 그림자가 들썩인다

우리는 우리를 결코 사랑하지 않나이다,

잠깐일 테지
괜찮아질 거야

콧물에 갇힌 숨소리
시뻘건 눈동자에 번진 불을 꺼보려 했지만

깊숙이 걸어둔 모자처럼
서늘한 하늘
내일의 기도를 찾아 열을 올리니
젖은 무릎이 시큰하다
붙은 손가락은 떨어지지 않는다 하고

개가 죽어 있었다

붉은 토마토 몇 알을 사오는 시간이었다
속도를 속으로 세고 또 세어도 빈틈없이
꽉 찬 토마토 씨
웃자란 잔디 위에 선물처럼 개가 죽어 있었다

빛나는 흰 이빨에 늘어진 까만 눈동자
공기를 가르던 뾰족한 으르렁거림 속에
도막 도막 잘린 털스웨터
봄날의 꽃가루는 무겁게 날린다

목줄을 단단하게 쥐던 손이 멀어진다
느슨한 줄만큼 달콤한 바람을 이고
달리고 달려 마주한 낯익은 달빛

스스로 던져버린 기억 속
뭉쳐진 시간은 헝클어져 가는지
소리 내 불러보아도 대답 없는
집은

모르는 길에 다시 주소를 남긴다

고개를 쳐드는 그림자
새 옷처럼 목줄을 단 개들이 꼬리를 흔들며
나란하게 걸어간다
푸르게 자란 진실에 눈을 가린 채 나는
토마토 씨를 삼키고 또 삼켰다

크고 검은 가방을 멘

그 여자는
크고 검은 가방을 메고 다녔다
가방 속에는 여자를 꼭 닮은 큰 그림자가 들어 있었다
닿을 수 없는 가방 속 깊이에
모락모락 소문만 늘어
걸을 때마다 덜컹덜컹 기차 소리가 났다

전화번호를 쥔 손아귀는 이미 젖어 있었고
한낮에도 어두운 크고 검은 가방이
닳은 구두 굽으로 이어져 있었다
한 뼘씩 작아지는 여자
길은 긴 수렁이 되어 발이 쉽게 빠졌다

하루는 크고 검은 가방을 멘 여자가
지평선을 막 넘어 오는데
핏빛 도는 하늘이 찬란하게 찢어지고 있었다
현기증 이는 머리를 가방에 기댄 채
숨죽이는 여자에게서

그림자는 봉다리마냥 나풀거렸고
닿을 듯 늘어진 수심은 어깨 위에다 꽃밭을 만들었다
크고 검은 가방을 멘 뼛속까지 까매진 여자가
하품 하듯 천천히 가방 속으로 들어간다
웃음으로 타오르던 하늘이 여자의 지평에 갇히고
기차는 종착역을 잊은 채 달리고 있었다

크고 검은 가방을 멘 그 여자가 지나간다
가방 속에서 차례대로 펼쳐지고 있을
그 여자는 그림자마저도 무겁다

새장은 열어두세요

울타리를 대신하던 꽃들은 어디로 갔을까요

편지를 읽어요
엉성한 외국어가 씨앗처럼 굴러다녀요
그녀가 눈썹을 올리며 써 가던
눈이 까만 이야기는
끝맺음을 모르죠
그럴 때마다 괴어둔 큰 돌을 따라 발들이 지나가요

목청은 루비처럼 붉고요
새들이 녹음기처럼 울어요
떨어진 잎사귀마다 머리를 박는
너그러운 마당에다 펼쳐놓은 책들

새장 속에는 나는 법이 있어요
허리를 바짝 조인 빗줄기가
가느다란 홰에 걸린 채 흔들려요
날개가 없어도 결코 떨어지지 않아요

입술을 모아 장미를 불러요
새가 없는 새장에
내일의 편지가 도착해요
그녀를 기다려요

울음에도 녹이 슨다

녹슨 쇠꼬챙이가 귀를 뚫고 지나간다
철근들이 한꺼번에 일어서는 내 귀는
집을 짓는 공터다

웃통을 벗은 사내들이 둘러앉아 전깃줄을 찢는다
날이 선 칼이 채취한 가느다란 붉은 선
한 줄 뒤로 늘어서듯 구경하는 노인들 귀마다
둥글게 걸리는 길

길에다 집을 짓고 다시 길을 만들고
온전한 통이 된 마을로
빈 유모차를 끌며 지나가는 부인들
이 빠진 얼굴은 모두 닮아
찍 하고 그으면
불꽃이 될 소리만이 편편히 날리는 오후였다

창마다 노란 등을 달고 마주 앉은 가족이
읽을 수도 없는 책처럼 가지런하게 멈춰 있다

초원만 골라 달렸을 아버지와
녹슨 칼을 휘두르며 살점을 자른 어머니는
지친 기색도 없이 집을 짓는다
먹다 남은 음식은 쇠꼬챙이에 꽂아 틈을 메우고
다시 땅을 판다 이쯤이면 어린 딸이 선잠 깬 얼굴로 울며
보챌 것이다 예리하게 벌어지는 가늘고 긴 울음

울음에도 녹이 슨다
둘러앉아 구리선을 채취하는 사내들
갈라진 선이 구부러진 선을 토할 때 사랑이라는 말은
아버지를 자르고 어머니를 달리는 일이다
늘어진 빨랫줄에 매달린 소리가 발갛게 부어올라도
모르는 손님이 반갑게 문을 두들긴다

푸른 눈

아주 다른 말을 배우고 싶었다
이를테면 고양이의 말

그와 손을 잡은 채 느릿하게 걸었다
입김은 따뜻하였고 살포시 풍기는 향에
그림자를 늘였다 줄였다
다정한 말소리 안으로
벌렁 드러눕는 낯선 고양이 한 마리
사지를 쫙 벌리며 고개를 외로 꼬는
찐득한 푸른 눈

인공위성을 점검하는 중이다
별을 세면
곧 비를 담은 구름이 지나간다

발을 끌며 버티던 고양이와
향기를 입은 애인과 애인의 애인을 마주친다면
그들의 연애를 상상하지 않으리라

빨갛게 잘리는 절실함에
몸을 닦고 얼굴을 닦는 보드라운 고양이처럼
엉켜 있는 세탁물을 나란하게 펼쳐놓는다

세탁기 안을 맴도는 웅성거림만큼
꽉 하고 박힌 눈동자에
고양이 말 가르쳐주실 분 구합니다

잠이 들었다

울음을 맨 처음 듣는 사람이 있다
다 같이 앉아 TV를 보던 저녁
시끄러운 화면 사이로 울음소리가 들어왔다
쉿, 소리 좀 줄여봐
누가 우나봐
일동 차렷 자세로
어떤 손이 빠르게 리모컨을 누른다

음 소거 표시를 단
반 호흡 느린 울음소리에
말없이 서로의 귀를 유심히 들여다보았다

남의 울음에다
슬그머니 제 울음을 넘기듯
울음에 울음을 탄다
순식간에 흥건하게 젖는 방
어린 딸을 깨워 머리를 새로 빗어주던 손등 위로
울음이

목을 풀며 기다린다

울어주는 여인이 다녀간 새벽
벽에 기댄 그림자에 떨어지는 흰 가루
울어본 사람만이 듣는 울음이라서
그 울음을 베고 잠이 들었다
주인을 모른다 하여도
울음은 언제나 먼저 몸을 내민다
꽉 안아주는 가슴은 두근거려도
등을 쓸던 손바닥은 따스했다

그는, 아들을 보러 갔습니다

내가 지나다니는 길에 며칠 전부터 노숙자가 있었다 혼자 다니는 그는 멀리서도 잘 보였다 돌돌 말린 머리는 뒤통수만 묵직하였는데 건물과 건물 사이 닫힌 유리문 앞에 자리를 잡은 그를 유심히 보게 된 것은 하늘이 파란 가을 오후였고 집으로 돌아가는 길이었고 천천히 울리는 낮은 목소리 때문이었다 바닥에 자리를 펴고 반쯤 누운 채 돌아앉은 그는 통화 중이었다 그의 옆얼굴이 들려주는 이야기는 마치 아버님, 저녁은 드셨나요? 날씨가 많이 쌀쌀해졌네요. 감기조심하세요. 저희는 잘 지내고 있습니다, 처럼 보였다

그는 곧 주머니 제일 깊숙한 곳에 전화기를 집어넣고 묵직한 뒤통수를 베게 삼아 잠을 청할 것이다 붉어지는 하늘이 그의 잠 뒤편으로 펼쳐졌고 둘씩 셋씩 짝을 지어 집으로 가는 사람들 등 뒤 건물과 건물 사이는 스위트 홈이다 눈빛과 달빛이 뜨거운 그에게 고단한 하루였을 오늘이 저문다

밝은 날 보니 그의 은신처는 투명하고 기둥처럼 낡은 대걸레가 서 있었다 그는 잠시 아들을 보러 갔을 것이다

제2부

그냥, 이라는 말

그냥, 이라는 말은
당신과 나 사이에 자라는 나무입니다

기침이라도 하듯
흔들리는 잎사귀
고인 그늘만큼 가린 얼굴 위에

당신도 나도 될 수 없는 자리
살포시 내려와 웃는 낯익은 소리

늘어선 햇살이 자근자근 부서집니다
주머니마저 가벼운
뻥 뚫린 기억
모으다 놓친 색깔처럼

당신이 지워질 때까지만
맨발로 서 있겠습니다

만약에

만약에
꽃을 본다면
하얗게 독을 뿜는 꽃잎에
손가락을 댄다면
나비도 벌도 날개를 접고
바라만 볼 것인가

그렇지만
저녁이면 따뜻한 식탁을 이야기해야 할 것이다

만약에
불길이 이는 전화기를 든다면
푸르게 번지다가 결국 붉어지는 불 가운데서
무기력하게 돈 꾸는 목소리를 듣는다면

열린 창문으로
밥 짓는 냄새가 한가로이 날린다
시장기는 때를 맞춰 오는 게 아니지만

볼이 터지도록 꾹 눌러야 제 맛

문득
꺼내 든 수첩
갈겨 써놓은
태어나서 미안합니다*
흙먼지처럼 올라오는 발자국 소리에
그려 넣은 웃음 속 입술이 하얗다

---

*다자이 오사무, "태어나서 미안합니다" 인용.

표정 없는 여인들

그 앞을 지날 때마다 쳐다본 하늘은
벌레 하나 먹지 않아
반질반질하였다

숨 쉴 때마다 풍기는 달큰함에
살구가 떠올랐다

신발을 끌며 지나가던 표정 없는 여인들

장대를 세우다 펼친 치마폭
후두둑 떨어져 스러진 밤
문을 열면 끝도 없이 펼쳐진 우주에
단맛도 쓴맛도 다 안다는 듯
꽉 채운 유리병

귀가 발갛게 부어오른다
희게 터 들리지 않는 소리처럼
별들이

평화로운 유영을 시작한다
눈을 감아도 손을 닦아도 사라지지 않을
점에 머릿수건마저도 노랗다

물구나무서는 소파

길을 막은 채 거꾸로 서 있는 소파를
안다
나란히 누워 한나절을 보냈을 자리는 쏟아져
불룩하다

머리를 산발한 여자가
유리창을 닦는 비 오는 밤
하얗게 부은 얼굴 위로
눈물 같은 빗물을 지우는 고요한 밤

손에 쥔 해면만큼 부드러운
목울대를 움켜잡은
헤어지는 일에는 간결함은 불필요하였다

긁힌 자국만큼 남겨둔 희망에
세워진 그림자에서 콧물 냄새가 났다
늘어진 스프링에 배가 바닥에 닿는다
비켜설 줄 모르는 아침

아껴둔 말이 동전처럼 튀어나왔다

산책 나온 개 한 마리가 다리를 살짝 쳐든다

다짐

결국 나뭇가지가 부러졌다

절름발이가 된 우리는 어디로 흘러가는 걸까

모른다고 대답했지만

꽉 쥔 다짐에 불쑥 고개를 내밀고

전화번호를 뒤적여도 나오지 않을 이름에

여러 번 엄마를 불렀다

영원한 밤

어둠은 줄지 않아 익숙해져도

촘촘히 주름을 새겨 넣은 날이었다

꿈에서 낳았다는 바늘을 들고 서서

발개진 귀를 감춘다

누구의 것인지도 모를 손가락을 따라

달을 좇는다

무릎과 무릎 사이 얼굴을 묻는다

네버 엔딩 스토리

유리관에 갇힌 숲으로 가는 길입니다
색바랜 기둥에 기대어 잠이 든
졸음에 겨운 그림자 둘
아득하게 멀어지는 향기는
시간을 지우며 지나갑니다

황급히 뛰어 들어온 소나기에
묵직하게 낮아지는 마룻바닥
장화를 신던 발이 어느새 버섯을 신습니다
그마저도 벗어 맨발로
바람 많은 언덕을 향하고 있습니다
등에 붙은 기억으로
꽃망울이 떨어져 굴러다닙니다
미처 다 피지 못한 당신의 이야기는
누가 끝을 맺어주나요

오늘도 유리를 닦습니다
널찍한 판 위에서 움직이지 않는 저 말들처럼

초원이 코앞이라 하여도
물끄러미 볼 뿐입니다

손자국만큼
만나지 못할 인연이라 하여도
빈 의자를 놓아둘 것입니다

나의 서쪽

집으로부터 멀어진 다음 서쪽으로 갔다
언제나 돌아갈 수 있는 집은
안심하고 멀어져도 괜찮았다
모든 게 괜찮았고
생활마저도 괜찮다고 믿을 때부터
더는 교회에 나가지 않았다
줄에 걸린 빨래처럼 다만 흔들릴 뿐이었다

달은 언제나 혼자예요
그래서 나를 따라 오는 거예요

밤에도 죄다 문을 열어놓고 잠이 든다
엎드린 채 잠든 희게 부르튼 입술들
눈물을 지우지 않아
그늘만 키우고 산다 하여도 배고프지 않았다

망한 자들이 모여 들었다
어렵게 찾아온 동네였지만 들어보면 망하는 일은

모두들 쉬웠다 고개를 숙이는 일에 익숙해져서
국물 마실 때만큼은 머리를 쳐든다

서쪽이라고 쓴다
내가 줄곧 동쪽에서 잠을 잤다는 사실에
언니는 울었고 오빠는 화를 냈다
등 돌린 아버지가 어머니를 조용히 일으켜 세우고
돌아올 식구들이 없는데도 등을 켜둔다

두건을 쓴 노파가 앉은뱅이 의자에 앉아
고구마를 발라먹는 밤
먼 달빛에 개 짖는 소리가 발자국으로 남는다

들숨과 날숨처럼

어둠이 당도하리라는 생각은
미래보다 빨랐다
길을 가르는 익숙한 건물
거대한 정류장이 된 거리
유리벽 불빛을 따라
움직이는 우아한 그림자들
먼 나라에서 보내온 엽서 속
축제

스텝을 밟는다
두 발이 꼬여 넘어진다 하여도
날개만 잃지 않으면 되리라
들숨과 날숨만으로 파르르 떨릴 때
꽃봉오리가 벌어진다

밤을 모르고
이름을 모르고
낯설어져 가는 몸으로부터

날개마저 잃는다 하여도
결코 나비는 길을 잃지 않을 것이다
집으로 가는 길을 누군가 지웠다 한들
살짝 낮춘 등을 지니고 있다면
안전하리라

언저리부터 밝아지는 하늘
처음부터 구겨진 자리는 확고부동하여
흔들려도 꺾이지 않아
깊은 숨에 몸을 담근다

집으로 가는 길

몇 번째 밤
살점을 뜯어내기로 하였다
툭툭 털면 떨어지는 비늘처럼

무겁게 버둥대는 팔다리
두어 번 목을 조이다
결국 변기 속으로 뛰어들었다

소용돌이치며 사라지는 물속은
은빛 비늘로 넘치고 있어
퍼내기도 벅찬 눈부심
은하수가 길게 흐른다
꿈길에 접어들었다고 생각할 무렵

바닥을 닦던 뒷모습
반짝이며 갈라지는 집중에
구부러진 변기 속을 들여다보고 또 보았다
물속에서부터 화려했다던 그림자는

찾을 수 없어 처음부터 모른다고 할 것이다

늘어진 침 줄기와 해진 얼굴
다리부터 발린 살점이
기어이 심장을 뜯던 기억에 가닿으면
저녁은 연탄구이라는 말 위로
별똥별만 붉게 탄다

가장 좋은 방법

말이 채 끝나지도 않았는데 잡아채듯
물고 가는 그의 말에 입술을 깨문다
단단한 이빨 사이에 갇힌

어항에는 작은 물고기 살고
엄지손가락만 한 물풀 뒤에 숨으면
금세 텅 비는 수면 위
떠다니는 물고기 밥에 두근거리는 발소리처럼

슬픔을 떼어놓고 오리라는 다짐으로
여섯 시간째 버스는 달린다
눈을 꼭 감은 채
뒤돌아보는 일 따위는 상상하지 않으며
첨탑 꼭대기까지 기어오르려는 마음
—그곳은 머물지 못할 꿈이다
번지듯 사라지는 오후의 태양
다 두고 오지 못한 미련만큼

잊는다는 말에 닻을 달아
가까운 바다에라도 던져볼까
등이 켜진 바다는 육지보다 얕아
결국 버리지 못한 슬픔에
꽃 진 자리에 열매가 들어가 앉는다
덮어버리면 다시 처음이 되는
방금 다녀간 말이 기억나지 않는다

기막힌 날

과일을 한 가득 실은 리어카가 지나간다
단향이 등을 미는 밤
머지않아 봄이 오려나 보다
열 걸음쯤 앞에서
노란 알맹이 한 알 툭 떨어지고
리어카를 따라 과일들이 쏟아져 굴러온다

오렌지 불빛 아래 흔들리는 그림자
철 이른 딸기는 행여 물러질까 구경만 했지
선연한 빛깔만큼
웃지도 울지도 못한 채
바닥을 물들인 말들

저녁 때 귤이라도 먹을까 하던 마음을
모른 척 비껴 지나가려 할 때
단물이 질척한 길에
식은 만두가 나를 불러 세운다
물방울이 송송 맺힌 비닐봉지는

잔뜩 웅크려 금방이라도 터질 울음 같은

며칠이 지나도
과일을 실은 리어카는 보이지 않고
대신 둥글게 커진 나뭇잎이 흔들리고 있었다
노려보는 째진 눈들 사이
식은 만두처럼 매달려 있는 불빛들
첫 경험이었을 그의 서툰 걸음을 닮은
봄이
골목 끝 모르는 길부터 밝힌다

웃음소리

텔레비전 화면이 바뀔 때마다
엄마의 웃음소리가 들렸다
팔을 괸 채로 엄마 옆에 누워
뭐가 그렇게 웃겨
물으면
사람들이 웃으니까 그냥 웃었어

인기척 없는 어두운 방을 돌아본다
홀로 움직이는 화면 속에는 분명 말이 오고 가는데
내 귀에는 소리조차 되지 못했다
돌돌 말린 머리카락처럼 어지러운 하루
그럴 때마다 텔레비전을 보던
엄마의 둥근 등이 생각났다

맥락 없이 터지는 웃음은
통화를 할 때마다 엄마를 따라 움직였다 전화기를 든 채로
나도 그냥 웃었다
틀린 그림을 찾아 맞추듯 흉내 내는 웃음에는

말하지 않아도 될 고단함이 들어가 있어

귀가 먼저 대답하는
푹 꺼진 얼굴 엄마가 웃는다
메아리만 남은 화면 속으로 하루가 기억되고
한 걸음 밖에 엄마보다 웃음소리가 먼저 와 기다린다

어두운 거리

열차가 지나간다 속이 드러난 밤
종소리에 돌아보면
높은 의자에 앉은 사람이 보였다

길을 가로막고 서 있는
환한 방들
빈자리는 넘치듯 많아도
쉽게 문을 열어주지 않았다

탐스러운 열매를 머리에 인 여인의 그림에
언 손을 오랫동안 비벼본다

밝은 창 밑에 잔뜩 주눅 든
버려진 개처럼
건널목 앞을 서성인다
방문이 열리고
손을 내밀어 반겨줄 따듯함에
자리를 차지하고 앉으려는 마음

훔쳐보듯 서 있는 길에는 죽은 잎 냄새가 났다
노인의 그림자들이 자루처럼 매달린 가지는 언제든지
부러질 준비를 하였다 사라진 열차를 기다리며
정류장에 서 있었다 운행 종료를 알리는 광고판이 한꺼번에
꺼진다 어두운 거리였다

밥 짓는 시간

저녁때면
밥 짓는 냄새가 풍긴다
불이 꺼진 부엌에서
물이 새는 욕실에서
내가 빠진 세계로부터 시작되는 거룩한 의식

저녁 창 앞에 기대어 있으면
의자 끄는 소리와 그릇 부딪치는 소리
제때에 울리는 소리의 성찬으로
나의 식탁은 풍성하다

기다리는 발자국에 들썩이다
좀 더 붉어지는 밥 짓는 심장
잠잠히 뜸이 드는
굴뚝은 보이지 않아도
아련하게 퍼지는 밥 냄새
두런두런 온기를 덜어내며 하루가 저문다

나는 홀로 저녁 짓는 풍경을 적는다
창을 닫고 문마저 굳게 잠근다 해도
밥상을 받는 정직한 마음이
과식이 될지라도
적어보고 또 적는다
밥 냄새가 긴 꼬리처럼 배회할 때
달빛 아래 우는 놈은 언제나 고양이뿐이다

중심 음

눈먼 새가 유리창에 머리를 박는다
진동을 따라 흔들리던 나뭇가지
구멍 난 잎들이 따라 소리낸다

벌레는 어디로 갔을까
어쩌다 새는 창에 눈이 멀었을까
쌓이는 매미 소리만큼
가지가 휘청거려도 무심한 듯
다시 내려앉은 새

새는 보이지 않고 뒤적이는 소리
부지런한 벌레의 숙명을 듣는다
중심 음이란 바로 저런 걸까

눈물이 묻어 있을지도 모를
창문 앞에 서서
다시 눈먼 새를 기다린다

어떤 날인가 나도 그랬다
멀쩡한 문을 향해 돌진하듯 뛰어가
바닥에 질펀하게 앉아서 운다
부딪힌 자리가 없어 더 서러운
눈물에 얼굴이 잠길 때까지
귀에 박힌 상처들이 모두 빠질 때까지
소리를 뭉개놓는다
한 음씩 말아 올리는 아이들 소리
울다 말고 그 속으로 들어가 숨는다

창문을 마주 보며

창문 앞에 서서
내가 보듯 우리 집 창을 보는 그 집
부엌도 마루도 환히 보여 한번쯤
마주칠 것 같아
우두커니 서서 기다려보지만
열리지 않는 창

흔들리는 그림자에 안부를 전하고
잠긴 수도꼭지가 내는 소리에 물방울이
손바닥을 내민다

무릎을 건드렸나
한 떼의 까마귀처럼 퍼지는 고요

투명하게 닥칠 내일이
어둠에 가라앉기 전까지
창에서 창으로 들어와 마주 보는 그 집
겹겹이 옷을 껴입은 하늘이

푸르게 길을 잃는다 하여도
발자국 두어 개 새겨둘 것이다

허공에 걸린 전깃줄을 찾아
눈 없는 새가 운다
집주인은 돌아오지 않고
마주 보는 창으로 내 그림자만 들어가고 나온다

아는 사람

환승역 출구
검은 담요는 무릎과 무릎 사이
연인들처럼 다정하다
손 내미는 거리에서
치장을 하듯 펄럭이는 오늘의 운세
잡히지도 않을 화려한 불빛에
함부로 눈길을 주지 마라
바닥에 부려놓은 축복으로 굵어지는
소나기 속
그림자를 세워도 뭉개지지 않는
까맣고 동그란 자리
뜨거운 숨에 귀퉁이가 맥없이 내려앉으니
아는 얼굴

울음도 웃음도 모르는,
큰길에서 속도를 잡아주는 유일한 사람처럼
아버지가 앉아 있다

제3부

환승역

숲길이라고 쓴다 버스들이 사라진 자리
잎사귀가 자란 만큼
눈꺼풀이 무거운 사람들
부드러운 수액을 따라 잠이 들면
고개를 넘는 일 따위는 간결하다 무서움을 모르는
언덕 위에 언덕들
서 있는 나무들은 언제나 만원이다
숲을 채우는 이파리는
재촉하지 않고 불안하지 않을 마음만큼
벌어지다 점점이 말라 간다
구운 비스킷 조각을 찾는
그리운 맛 텅 빈 버스가 불을 끄고 달리다
커브를 돌면
발바닥에 새겨진 주름만큼
구불구불한 내일이 들썩이다 곱게 벌어진다
멈춰 서거나 기다릴 필요가 없는.

너를 사랑하는 법

마지막이 언제였던가를 기억할 때

떠난 자리에서 풀이 자란다
무성한 길에다
지나가던 아이가 침을 뱉었다
개가 짖는다
사납게 우는 개를 향해 돌멩이를 힘껏 뿌렸다
돌에 맞은 소리가 푸르게 말라간다

보드라운 흙으로 집을 짓는다
젖은 머리와 발가락
눈썹과 갈라진 입술 틈까지도
흙벽에서라면 아프다는 생각을 잊는다
씨앗처럼 심어둔 말들이 흩어져
꽃을 피우고
마당을 나간 웃음소리에 팔을 뻗어본다
손톱 밑으로 어둠이 둥글게 물들었다

공중으로 붕 떠오른 그림자
도둑맞은 입술의 비밀을
잘게 잘게 찢어 비구름 사이로 넣는다
빗물은 생각보다 무거웠다
잊으면 안 돼,
무릎이 먼저 닿는다
수런대는 풀줄기마다 붉은 기둥을 세운다

마음을 주었네

철 이른 나비 뒤꽁무니를 쫓다
눈길이 멈추니
지붕 위, 거기 흰 꽃이 폈다
어디서 날아왔는지 주먹만 한 흙무더기가
지붕 한쪽을 차지하고 꽃잎이 흔들린다

어쩌다 저 높은 곳에서 꽃을 피웠을까
행여 나비가 못 오를까봐
조바심 내다
송두리째 뽑아 옮겨 심을까 하여
사다리를 대고 보니
흰 꽃은 없고
오래된 새똥이 하얗게 빛나고 있었다

지붕 위를 지나던 새들 중 어느 한 놈이
기술도 좋게
흙무더기 위에 똥을 뿌리고 갔다
바랜 새똥은 흰 꽃잎이 되고

그 약한 부름에
제일 먼저 응답하며 날아온 나비
지붕 위를 넘어 멀리 날아간다
우두커니 서서
허망해 하며 날아간 것은 나비가 아니라
나였다고

꽃이 사라진 자리
누군가 걸어둔 주문에 쉽게 마음을 주었다

새는

새는 가끔
저보다 약한 풀줄기에 앉아 쉴 때가 있다

끊어질 듯 휘어지는 풀줄기가
마악 바닥에 닿으려는 순간
접어둔 날개를 펴고 공중으로
던져지듯 날아오른다
바람도 쉬는 나무 아래
떠난 새가 전해준 힘만큼 움직이는 풀

잠깐 눈 붙이고 싶은 한낮
새는 일부러 풀줄기에 앉는다
제 무게를 견디지 못하리라는 것을 알면서도
가장 여린 줄기를 찾아
점점이 부러질 듯 낮은 곳으로 내려와
결국 저를 완전히 맡긴다

휘어진 풀줄기들

서로가 서로에게 더해 주는 위안의 몸짓이
바닥에 닿으려는 찰라
솟구치듯 일어서는 새의 마음
흔들려도 부러져도
올려다보는 하늘과 꺾이듯 내려앉은
새의 여정만큼 풀잎이 웃는다

힘이 세다

아주 오래전
새가 먹었던 씨앗이 나무가 되고
꽃이 피니
가지에 앉은 새들이 열매를 기다린다
껍질 속에서 씨앗은 속도가 느리다
종종 짐승에게 먹히는 경우가 있지만
뜨거운 뱃속에서도 출렁이는 날개 아래서도
씨앗은 굳세기만 하다

날던 새가 머물 수 있다면 다시 알이 될 것이다

벌어진 꽃씨 속 기억에 전생은 알이 되고
동굴 벽은 자유롭다
목에 긴 고리를 매달고 추는 춤
납작한 심장이 굴러가는
손가락을 본 것일까 검은 눈이라도 마주쳤을까

필요한 것은 구멍 같은 이야기였다

누군가에게 들려줄
멋진 여행과 모험에 관하여
눈감아도 멈추지 않는 불꽃들

바람아 불어라
주름 스커트처럼 활짝 퍼지는 날개
소멸까지는 아직 한참 남았다

선명한 오늘

한 여자가 담벼락에 붙어서
짧은 담배를 피우고 있습니다
고운 눈매에 앳된 얼굴이었지만
늘어진 셔츠는 가슴이 반쯤 드러나 보였는데
젖먹이 아이가 있는지 얼룩이 점점 짙어집니다
서너 걸음 떨어져 주머니를 뒤적여보지만
딱히 건네줄 게 없어
고개를 끄덕이는 여자의 옆얼굴을 남겨두고
좁아지는 골목으로 도망쳤습니다
나를 쫓는 사람도 없는데
주먹을 꽉 쥔 채 달립니다
귓가에 선명하게 울리는
쨍 하고 금이 가는 소리

나이를 물으니 웃습니다
고향을 물어도 웃습니다
남편이 무섭냐고 해도 여전히 웃습니다
가족을 물으니 모른다고 했습니다

날을 세우며 마음을 알아보려는 말에
먼저 아프게 넘어졌습니다
상처라도 새겨둔다면
이름 정도는 기억할 것입니다

열매는 붉은색

학교는 언제나 공간이 넘쳤다
강의 끝난 빈방
구석진 자리마다
집을 짓는 거미들
서로의 옆얼굴을 걸어놓으니
불 켜진 방들이 띠를 이룬다
꿈꾸는 불빛 속
설익은 바람에 우수수 떨어지는
겁 많은 눈망울
종이 울리고
떠도는 말은 웅덩이에 비밀로 갇힌다
열매가 홀로 무게를 늘려도
새의 먹이는 되지 않으리라
덧붙인 친절한 설명서처럼 열매는
언제나 붉은색이었다
밀어내듯
잎사귀는 억울한 듯 녹색이다

닮은 곳이 없어요

새끼 염소가 눈망울을 굴린다
꽃봉오리처럼 고여 있는 작은 방
푸른 입술이 자랑스러운
아버지는 낭만을 걸어둔 채
흰 내의만 고집하였다
깊숙이 손을 넣어야 들린다는 소리
낮에는 산책 나온 부인도 없어
꽈리를 불며 장난치던 삼촌
툭, 툭, 툭,
눈이 쌓이고
고개를 내밀어보지만
들뜬 침묵이 흐를 뿐
누구라도 좋아요
매듭을 짓는 손끝이 여문
우리는 닮은 곳이 없습니다

갈색 구두

언 강에
코가 박힌 갈색 구두가 반짝인다

허기진 마음을 감추듯
누르며 씹던 빵조각
불을 켜도 깜깜한
미지근한 온도에 눈물은 쉽게 만져졌다

해파리 떼처럼 움직이는 강
머리를 흔들며 걷는 사람의 손을
잡아본 것 같기도 하였다
속이 훤히 보일 거라던 물속에도
벽은 있어
함부로 들여다볼 수 없어서
귀를 바짝 붙이듯 언 강 위에 누웠다
눈을 감으니 흔들리는 숨결에
인기척처럼 던진 돌멩이 몇 개
녹아내리는 것은 얇아지는 꿈이었다

마음을 감추기에는 걸음 수가 너무 많았을까

벽이 허물어진다
갈색 구두 한 짝만 벗어놓는다
물속으로 향한 발걸음은
마치 물 밖으로 도망친 듯 얼어 있다

마냥 끌린다

불편한 잠자리였다
다리를 어디로든 뻗고 싶었지만
발목을 꽉 쥔 손아귀는
누구의 것인지도 모르고
재잘거리는 목구멍에다
한바탕 어린 울음을 쏟는다

넉 장 혹은 다섯 장
패를 깔며 도는 바람에도
끄떡이지 않을 용기
달아놓은 작은 종처럼
빈 봉투가 온종일 바닥을 뒹군다

푸르게 펴지는 애인의 냄새
바지를 걷어 올린 보기 좋은 다리가
날씬하다 오늘밤
등허리를 죄다 내놓고
눕는다면 이름을 모른다 할 것이다

몸통만 빼고 단장하는 꽃
왁자지껄 퍼 나르는 소리에
머리를 돌돌 말아도
고개를 내미는 의혹
되새기다 놓아버린 끌림이다
크게 필 봄이었다

빨강을 삼키는 일

여기서 돌아보면 길은 항상 꺾여 있다
생각 따위로는
도무지 가늠할 수 없는 그 끝에서

긴 머리를 날리며 홀로 반짝이는
소녀는
망토를 벗어
닿을 수 없는 깊이에 일부러 손을 뻗는다

건져 올릴 힘은 누구에게나 있다지만
처음이라는 말을 듣는 밤
한 시가 우두커니 서 있다

문이 없는 골목마다
주문을 거는 낮은 불빛
씨를 뱉으며 자라는 소녀의 상냥함에
오지 않을 아침은 어디에도 없다

불러오는 번개 속
무릎을 구부린 그림자가 입을 크게 벌린다
뒤척여도 깨지 않을 꿈처럼
모퉁이를 돌면 다시 모퉁이로 돌아온다

건물과 건물 사이

기울어진 각도만큼
가려진 계단은 한낮에도 어둡다

온 동네 바람을 끌어 모으던
나무의 발칙함에
벌어지듯 향기가 푹푹 나린다

흐드러진 꽃 속에서
입 꼬리를 말아 쥔 고양이는
영영 고양이가 아닐지도 모르는데

뜨거운 정수리만큼
짙어진 그늘을 들춰볼까 싶다가도
정숙한 눈과 마주칠까봐
등지고 앉아
단단하게 여물 열매를 생각한다

비스듬히 세워진 자전거를 지나

멀리 돌아가다
—저러다 이 건물이 홀연히 사라지면 어쩌나

손가락으로 집어내는 1도 더 기운
건물과 건물 사이
누구 있나요, 대답 대신 숨소리가 먼저 들렸다

사라진 동네

움찔거리는 기억의 지평 너머로
황톳물이 번지는 한낮

버스를 따라 달리다 보면
간판 하나 펄럭이는 벌판에서
다리가 쟁쟁한 여자들이
밭을 일군다 소쿠리 가득 식은 감자가
놓여 있어 하나 집어 가도 좋을 동네
하늘은 지도에도 없지만
콧잔등에 밴 감자 냄새, 이 빠진 대접 속에
이름 없는 식구들이 나란하게 보인다

전화기를 들면
금방이라도 말을 걸 듯한데
봉인된 동네는
깜깜함으로 차올라

새벽은 모가지를 단단하게 맨 오리가

앉았던 자리로 구부러져
앞이 보이지 않는다

옛날이야기에도 등장하고
우스갯소리에도 빠지지 않던 액자 속
그 동네는.

나무 울타리

나무 울타리가 좀 더 길었으면 했다
내 키를 훌쩍 넘긴 그 울타리를 지날 때마다
푸른 눈망울이 심장을 빤히 보고 있어서
거짓말조차 하지 못했다

울타리 아래 쪼그리고 앉아
푸른 칼을 닦는 가지와 가지 사이
내 마음이란 없는 거야,

촉을 세우던 말들이 빗장을 열어
비밀을 걸어둘 때
고개 숙이지도 숨죽이지도 않을 마음
그래서 길은 끝이 먼저 보였다

울울함으로 치장한 어제의 마음에
묻어둔 소문
무성해진 울타리를 향해 까치발을 하면
한 길이 된 긴 울렁임에

먼 고장의 바람이 머리카락을 살짝 흔든다

코 빠진 울타리 사이로
사람들의 얼굴이 반짝반짝 부서진다
길을 잃은 사람들이 울타리 밖에 살아도
혓바닥 깊이 한 겹 더 촘촘한 울타리를 친다

벚꽃 무덤

느릿한 낮잠 속
엄마는 체조 선수를 꿈꾼다
육중한 몸통을 번쩍 들어
훨훨 날아갈 수만 있다면
그까짓 관절 약쯤은
베개 속에다 넣어두어도 좋으리라

처음 두근거렸던 날처럼
턱 낮은 문턱을 넘는
익지 못한 소리에 머리를 곱게 빗는다

한 칠 년 지나면 그런대로 지낼 만해요,

아는 바람에도
안전한 모자를 쓴 채 이리저리 흔드는 몸
어느 날엔가 가벼운 착지를 할 것이다

향기 따위는 줍지 않는다 하니

잊고 지낸 밤이 등을 밝힌다
굽이 닳은 구두
일부러 챙겨 듣는 유행가에
한껏 치켜 올린 날이 거꾸로 거꾸로 떨어진다

힘쓰지 않아도
만점짜리 착지를 할 것이다

그래서 봄은 릴레이를 좋아해요

만약에 봄이 한꺼번에 시작된다면
폭풍처럼 혹은 해일처럼
울타리 나무들이 진군하듯 열 맞춰
터 온다면
입 다문 얼굴을 더는 보지 못하리라

떼를 지어 오는 봄이 아니라서
먼저 피고 뒤따라 피는 꽃이니
분홍에도 차이가 있고
노랑에도 무게가 있었다

와 보라며 손짓하듯 날리는 꽃잎들

손끝에서 멀어지는 숨결은 뚝뚝 잘리는가 싶더니
부드러운 콧소리만 남는다
저 고개를 넘으면 이제 어른이 되는 거야
알려주지 않는다 하여도
올라가는 동안 배워가는 기특한 마음

문턱이 높다지만 날마다 들고나는 발랄함에
윤이 도는 익숙한 자리
고개를 쳐들며 속도를 열망할 때
꽉 채운 단추가 슬그머니 벌어졌다

도둑맞은 뒤태들

뭉개진 빗방울만큼
우산이 축 처져 있다
부르는 소리가 없어도
댓 걸음 가다 멈춰 돌아보는

장미원 입구

숨 한번 내뱉기 힘든 촘촘함으로부터
꽉 차오른 젖가슴
심장은 흔들릴수록 오만해진다

향기가 퍼지는 모양은
육지와 육지를 연결하고
긴 지도를 그리던 헐렁해진 엉덩이가
자리를 찾지 못해
발갛게 달아오르다 결국에는 귀까지 번졌다

아프다며 우는 소리는 붉었는데

울어도 변하지 않는다는 것을 알았을 때
머리에 꽃을 꽂은 말이라도 듣고 싶었다
지나온 거리를 가늠해보고
활짝 열린 문을 일부러 닫지 않는다

움직일 때마다 점점 쳐지는
뒷모습
낡아도 좋은 것은 오직 그뿐이다

당신은 고양이였나요

겹겹이 꽃 이파리를 껴안고 살았습니다
날은 며칠째 따뜻하였고
가운데만 번지는 눈 속에서
꽃들이 벌여놓은
연애사건이 헤프다고 생각될 때
툭,
꽃이 게워낸 바닥
붉은 기운은 길게 꼬리를 뺀 채
심장만 심어놓았습니다
누구에게도 들키고 싶지 않던
번진 눈망울을
손등에 문지르다 자꾸 뒤돌아봅니다

해설

가마우지의 노래

박옥춘(문학평론가)

'길 위의 생'이라는 말이 있듯이 우리의 삶은 떠남에서 시작해 떠나는 길 위를 살다가 최종의 떠남으로 끝을 맺는다. 탄생은 삶으로의 도착이기보다 모태로부터의 분리, 최초의 떠남이다. 모태의 연장(延長)이라 할 수 있는 집 역시 성장의 어느 순간 떠나야 할 장소가 된다. 우리가 순차적으로 떠나게 되는 어머니, 집, 고향은 근원적 장소로서 동류항으로 묶이며 영원한 향수의 대상이 된다. 그러면 향수는 시간과 공간 중 어디에 더 집중한 정서일까. 또 광의의 고향인 고국을 떠난 삶은 어떤 형편일까. 뿌리 들린 삶. 정주(定住)하지 못하고 부초(浮草)처럼 떠도는 삶이 비유만은 아닐 것이다. 이전의 것은 전면 무화되고 부정된다.

한편 언어를 도구로 하여 창작에 임해야 하는 시인에게 타국의 삶은 또 다른 어려움을 더할 것이다. 들리지(耳) 않는 말은 홍수처럼 자아를 덮치고 나오지(口) 않는 말은 자아를 소거한다. 두 언어 사이에서 자아가 겪는 주저와 혼란은 상상하기 어렵다. '언어는 존재의 집'이라는 말이 절실하게 와 닿는 순간이리라. 말에 대한 예민한 감각을 나누는 일은 고통이지만 그것은 새로움을 낳는 산통이기도 하다. 말의 별채를 들이고 그곳에 거주하는 즐거움. 우유진의 산문집 『상하이 모던』을 참조하면서 칭다오(靑島)에서 보내온 그의 시집을 읽으려 한다. '그곳'의 언어는 자아의 확장인가, 오히려 차별과 분리, 유폐의 벽인가.

그 여자는 아마도 무엇 때문에 그 자신이 모래언덕 위에 흘러와 낙착되었는지를 말해줄 수 있는 유일한 새일 것이다.[1)]

산문집 『상하이 모던』은 시인이 중국의 몇몇 도시를 옮겨 살면서 겪은 생활의 단상이다. 낯선 땅, 새로운 언어, 생면부지의 타인들. 고립무원의 지경이 주는 외로움과 낯섦을 수용

---

1) 「새들은 페루에 가서 죽다」, 로맹 가리.

하는 색다른 즐거움이 교차된다. 결코 좁힐 수 없는 거리에도 불구하고 그곳에서 익숙한 풍경을 만나고 친근한 이웃을 갖게 된다. 그런데 낚싯배 위의 가마우지가 등장하는 「목에 비닐 끈을 매고서」는 이 책의 전반적인 정서와 다른 섬뜩함을 느끼게 한다. 시인이 작은 강변에서 뱃놀이를 하며 만난 가마우지 떼. 배 위의 가마우지가 낚싯대 역할을 하는데 새가 부리로 잡은 물고기를 주인이 챙기는 방식이다. 숱한 훈련에도 불구하고 본능을 이기지 못한 가마우지가 물고기를 삼키려고 하면 주인은 가마우지 목에 맨 비닐 끈을 조이면서 물고기를 토하게 한다.

이 가마우지의 언급은 내게 또 다른 가마우지를 떠올리게 했다. 내게 트라우마와 같은 책 『새들은 페루에 가서 죽다』에서 나오는 가마우지. 새들은 살아있는 동안 난바다의 섬에 구아노석(鳥糞石)을 만들어 주민들에게 유익함을 주고는 몇십 킬로미터나 떨어진 페루의 모래펄에 와서 죽는다. 이 현상을 두고 "모든 일에는 과학적인 설명이 있기는 하겠지만 물론 우리는 시(詩) 속에 마음을 묻고 태양과 친구가 되고 바다의 목소리를 듣고 자연의 신비를 믿을 수도 있다."고 작가는 말하지만 이 짧은 소설의 중심 테마는 고독이다. 삶의 장소와 죽음(직전)의 장소. 페루의 작은 해변은 각자(가마우지-여인-화자)의 고독을 가지고 찾아드는 마지막 기착지인 것이다.

이 글을 기회로 「새들은 페루에 가서 죽다」를 다시 읽으면서 잊지 못할 가마우지 이미지 둘을 갖게 되었다. 시인은 참담하고 광포한 이미지의 가마우지 낚시를 시 쓰는 일에 비유한다. "숙명처럼 낚싯대 역할"을 하는 가마우지와 시인이 동일시되며, "세상의 모든 말들을 가져다 내 책상에 올려놓는 일, 그 말들 중 내 말로 길들이고 바꾸는 일"인 시업의 고통과 숙명을 토로한다. 한편 「시 쓰기 좋은 계절」에서는 시 쓰는 일이 "청소부의 빗자루에 걸린 봄꽃들처럼 그렇게 흔한 것들을 주워 담아 귀하게 여기는 일"이라고 말하고 있다. 하나가 속박, 훈련, 고문, 기술이 따르는 절박한 숙명의 세계라 한다면, 다른 하나는 '소유냐 존재냐'를 분별하지 않는 평이하고 온화한 '여여(如如)'의 세계이다. 시업에 관해 상반된 의식이 의아스럽다. 시 「만약에」는 '만약에 ……'라는 가정의 비상 국면과 '그렇지만'의 범상한 일상의 국면이 교차한다. 인용하고 있는 "태어나서 미안합니다"라는 구절과 삶에 기진한 '흰' 입술 이미지 등. 시집 전반에 걸쳐 생경한 이미지와 상반적 이상(理想)의 충돌을 종종 볼 수 있는데 이는 녹록치 않은 현실뿐 아니라 현실—자아와 이상적 자아의 갈등이 자못 심각함을 보여준다.

벽과 중심; 모르는 길에 다시 주소를 남긴다

정주하지 못하는 삶은 불안한 순간의 연속이다. 불안은 정체가 없다. “불편한 잠자리였다/다리를 어디로든 뻗고 싶었지만/발목을 꽉 쥔 손아귀는/누구의 것인지도 모르고”(「마냥 끌린다」) 불안할 뿐이다. 하루아침에 건물이 사라지고(「건물과 건물 사이」), 액자 속에나 남는 동네(「사라진 동네」)처럼 구체성을 띠지 않지만 불안은 자아 내부에서 발생하고 그 몸집을 불린다. 불안은 삶의 뿌리가 들리는(浮游) 데서 오는 불안정이 아니라, 내 것을 지키려는 욕망과 타자의 것을 수용하고자 하는 욕망의 상충에서 발생하는 기운 아닐까. 낯섦과 친숙함이 조율되는 과정에서 오는 에너지의 들썩임.

새 집으로 이사를 했다 하얗게 칠해진 벽
액자 하나 걸지 않은 평평한 모서리
꽃자리를 찾아온 나비가
날개 잠을 자듯 박힌 흰 못 하나
옛 주인은 벽을 못에다 걸어둔 채 떠났나 보다
담담한 얼굴처럼
한 점으로 남은 향기가 빛을 따라 퍼진다
아침에서 점심으로 가는 머언 길
고단한 이목구비는 흰 벽 위를 배회하고
무성한 이야기로 깊어가는 밤
손잡아도 전해지지 않을 체온만큼

부유하다 고인 흰 벽이 못을 잡는다
변하지 않을 중심이란 목을 내어주는 일
새 집은 결코 무너지지 않는다는 말에
마음 놓고 별이 진다

—「흰 못」 전문

이 시집의 서시라 해도 좋을 「흰 못」을 읽어보자. 1~7행까지 새 집, 하얀 벽, 평평한 모서리, 흰 못의 오브제와 이를 묘사하는 나비, 날개 잠, 향기 등은 미래의 희망을 짐작하게 한다. 벽에 박힌 못을 날개잠 자는 나비라니……, 향기로운 착시다. 벽과 못의 도치, "옛 주인은 벽을 못에다 걸어둔 채 떠났나 보다"도 예사롭지 않다. 8행에서부터 시의 분위기가 반전되는데 불안한 자아의 심리가 숨김없이 투사된다. '머언 길', '고단한', '배회하고', "부유하다 고인 흰 벽"은 새롭게 주어진 막막한 현실이다. "벽이 없었더라면/아이는 태어나지 않았을 것이다/견고한 흰 벽을 채우는 변함없는 밤을 위하여"(「벽—신부를 안고 달아나는 다리가 긴 남자를 위하여」) 벽은 채워나가야 할 삶의 터이며 극복해야 할 장해이다. "물속에도/벽이 있어, 물속으로 향한 발걸음은/마치 물 밖으로 도망친 듯 얼어 있다"(「갈색 구두」).

"부유하다 고인 흰 벽이 못을 잡는다", 두 번째 도치. 불안한 자아는 막막하게 펼쳐진 흰 벽과 동일시하며 한 점(중심점)

'흰 못'에 귀착하고 싶다. '흰 못'은 유목하는 자아에게 길을 안내하는 별자리인 것이다. "변하지 않을 중심이란 목을 내어주는 일", 자못 비장한 의지가 표명되는데, '흰 벽'이었던 자아는 어느덧 '흰 못'으로 전이된다. 시 전반부의 '꽃자리', '날개잠', '향기'와 후반부의 '목을 내어주는 일'의 과도한 이미지의 반전은 "변하지 않을 중심"의 갈망이 큼을 말해준다.

언제나 돌아갈 수 있는 "집으로 가는 길"(「나의 서쪽」, 「들숨과 날숨처럼」, 「집으로 가는 길」)은 꿈길에서나 만나며 시인은 타국의 길, 거리, 서쪽에 있다. "망한 자들이 모여"드는 동네(「나의 서쪽」), "훔쳐보듯 서 있는 길에는 죽은 잎 냄새가 났다"(「어두운 거리」). 정주하지 못하는 삶은 거리, 벽, 문, 창의 이미지를 상용한다. 문과 창은 관계를 가능하게 하는 기관이 아니라 '바라보기'의 편향적 방향을 가진, 차단과 무관심의 차폐막이다. "열리지 않는 창"(「창문을 마주 보며」) 앞에서 고립된 자아는 "내가 빠진 세계/나는 홀로 저녁 짓는 풍경을 적을 뿐"(「밥 짓는 시간」)으로 생활마저 위태롭다.

관계에의 갈망이 클수록 불안과 외로움은 심화된다. 빈번하게 묘사되는 유리창 닦기는 경계(境界와 警戒)를 지우려는 몸부림이다. 소외 앞에서 존재를 알리는 신호이면서 불안과 고독을 지우는 정화의 순간이다. 부단한 노력에도 불구하고 "오늘도 유리를 닦습니다"(「네버 엔딩 스토리」) "달리고 달려도 이 벽을 넘을 수가 없다"(「벽」). 때문에 벽은 채우고 실현

하는 가능성의 평면이 아니라 온갖 감정이 들쑤시고 올라오는 틈이다. 부끄러움(「테이블」), 용서(「용서」), 공포(「개가 죽어 있었다」), 다짐(「다짐」), 미안함(「만약에」) 등의 감정의 촉발지. "총명한(聰明 sensitive) 센티를 지닌 나는 좀 더 가까이 말에게 다가갈 수 있을지도 모른다."(「당신의 몸은 총명하다」, 『상하이 모던』)

그 여자는
크고 검은 가방을 메고 다녔다
가방 속에는 여자를 꼭 닮은 큰 그림자가 들어 있었다
닿을 수 없는 가방 속 깊이에
모락모락 소문만 늘어
걸을 때마다 덜컹덜컹 기차 소리가 났다

전화번호를 쥔 손아귀는 이미 젖어 있었고
한낮에도 어두운 크고 검은 가방이
닳은 구두 굽으로 이어져 있었다
한 뼘씩 작아지는 여자
길은 긴 수렁이 되어 발이 쉽게 빠졌다

하루는 크고 검은 가방을 멘 여자가
지평선을 막 넘어 오는데

핏빛 도는 하늘이 찬란하게 찢어지고 있었다
현기증 이는 머리를 가방에 기댄 채
숨죽이는 여자에게서
그림자는 봉다리마냥 나풀거렸고
닿을 듯 늘어진 수심은 어깨 위에다 꽃밭을 만들었다
크고 검은 가방을 멘 뼛속까지 까매진 여자가
하품 하듯 천천히 가방 속으로 들어간다
웃음으로 타오르던 하늘이 여자의 지평에 갇히고
기차는 종착역을 잊은 채 달리고 있었다

크고 검은 가방을 멘 그 여자가 지나간다
가방 속에서 차례대로 펼쳐지고 있을
그 여자는 그림자마저도 무겁다

—「크고 검은 가방을 멘」 전문

"하루는 크고 검은 가방을 멘 여자가…… 핏빛 도는 하늘이 찬란하게 찢어지고 있었다". 영화 〈바그다드 카페〉의 한 장면을 보는 것 같다. 모하비 사막 도로변에 큰 트렁크를 가지고 도착한 큰 덩치의 여인 야스민. '여행길—여자—가방'의 삼 요소는 일상을 깨뜨리는 어떤 출발을 기대하게 한다. 그러면 시에서 고유명사처럼 반복되고 있는 "크고 검은 가방"은 무엇인가. 여행에 필요한 물품을 담고 있는 가방임에 틀

림없는데 왜 크고, 검은가. 지켜야 할 것(현재)과 성취해야 할 것(미래)으로 가득한 가방. "가방 속에는 여자를 꼭 닮은 큰 그림자가 들어 있었다". 자아가 욕망하는 '큰 그림자'를 넣은 가방은 크다. 불확실한 미래의 염려와 현실의 난관으로 가방은 검다. "크고 검은 가방", "날마다 무거워지는 가방"(「손톱 밑이 붉어졌네」)은 자아의 대리물이다.

그런데 왜 가방에 '소문'이 수반되고, 시집 전반에 '비밀' '진실' '떠도는 말'이 잦을까. 두 언어 사이에서 오는 혼란, 말의 불통에서 오는 불안 아닐까. 떠도는 말로부터 자신을 지키기 위해 시인은 "혓바닥 깊이 한 겹 더 촘촘한 울타리를 친다"(「나무 울타리」) '봄—토마토—개—잘린 스웨터—목줄—진실'(「개가 죽어 있었다」)처럼 상반된 이미지의 중첩으로 낯선 곳에서의 삶이 공포에 가까울 때도 있다. "늘어진 소문"과 "가로막고 서 있는/눈이 푸르게 나를 삼켜요"(「새벽 3시」)는 동화 「푸른 수염」을 떠올리게 한다. 시인이 가장 많이 쓰고 있는 신체 이미지인 등(돌리다)과 무릎(꿇다), '흰' 이미지는 정착하지 못한 삶에서 좌절하고 탈진한 자아를 대변한다. 그럼에도 시인은 내일의 그녀를 기다린다(「새장은 열어두세요」). "비상구에 대한 메모를 적"으며(「새벽 3시」) "두 발이 꼬여 넘어진다 하여도/날개만 잃지 않으면 되리라"(「들숨과 날숨처럼」)면서.

중심 음과 울음; 그 울음을 베고 잠이 들었다

벽에 박힌 못에서 “변하지 않을 중심이란 목을 내어주는 일”이라는 비장한 문장을 건져 올린 시인. ‘눈먼 새’가 유리창에 머리를 박는 장면을 보며(「중심 음」) “숙명을 듣는다/중심 음이란 바로 저런 걸까” 생각한다. 시인이 반복적으로 언급하는 중심은 무엇인가. ‘눈먼’의 불구성(不具性), ‘다시’의 반복성은 숙명의 무게를 가중시킨다. “어쩌다 새는 창에 눈이 멀었을까”? 새와 자아가 동일시되는 순간이다. 투명한 창을 창공(蒼空)이라 여기며 머리로 돌진하는 새—새의 죽음을 뒤적이는 벌레—바닥에 앉아 우는 나. 양태는 다르나 속성은 같은, 존재의 중심 음. 울음은 그저 파동이 아니다. 존재의 숨통을 틔우는 존재의 파열음.

> 이름을 삼키니 울음은 쉬운 일이었다
> 바람이 인다 하여도
> 다정한 낮의 기도는 팔짱을 낀 채로 잠이 들었다
> 꿈꾸던 가슴마저 울음에게 넘긴
> 성실한 우리에게
> 활짝 열린 바닥은 미래만큼 풍요로웠다
>
> —「다정한 울음」 부분

"웃지도 울지도 못한 채"(「기막힌 날들」) 자신을 여미고 살아야 하는 삶이었다. 비상의 욕망은 꺾이고 "절름발이가 된 우리는 어디로 흘러가는 걸까"(「다짐」). 임계치에 달한 슬픔이 분출한다. 높이 받들던, 가장 나중까지 놓치지 않던 '이름'의 구멍을 뚫고 울음이 터진다. 까짓 "이름을 삼키니 울음"은 아주 쉬운 일이 된다. 울음은 엄마를 부르는 첫 소리, 처음 말로 근원을 향한 입 벌림이다. 이름은 큰 힘으로 울음을 억누르지만 울음은 이름보다 힘이 세다. 기도가 무용한 시간, 기도가 닿지 않는 곳에 울음이 힘(能)을 발휘한다. 울음은 "활짝 열린 바닥"이다. 거기에 이름이며, 꿈꾸던 가슴이며, 오지 않은 실패며, 걱정과 불안을 쏟아낸다. 울음의 순기능들. "눈물은 언제나 간이 잘 맞"(「꽃만 잘 키우면 돼—언니에게」)으며 "귀에 박힌 상처들이 모두 빠질 때까지"(「중심 음」) 싸매고 위로한다.

남의 울음에다
슬그머니 제 울음을 넘기듯
울음에 울음을 탄다
순식간에 흥건하게 젖는 방
어린 딸을 깨워 머리를 새로 빗어주던 손등 위로
울음이
목을 풀며 기다린다

울어주는 여인이 다녀간 새벽
벽에 기댄 그림자에 떨어지는 흰 가루
울어본 사람만이 듣는 울음이라서
그 울음을 베고 잠이 들었다
주인을 모른다 하여도
울음은 언제나 먼저 몸을 내민다
꽉 안아주는 가슴은 두근거려도
등을 쓸던 손바닥은 따스했다

—「잠이 들었다」 부분

울음은 일차적 신호다. 형식과 의미 판단에 앞서 "울음은 언제나 먼저 몸을 내"밀기 때문이다. 그 자체로 멈추게 하고, 돌아보게 하고, 행위를 요구한다. 삶의 처음과 끝을 여는 신호여서일까. 울음은 듣는 사람에게 일단 멈춤과 주의를 요구한다. 우유진 시인의 울음은 따뜻하다. 감정의 해소보다 소통하고 교감하는 통로다. 개인의 울음이 아닌 울음의 상호작용은 "울음에 울음을 탄다"는 표현을 가능하게 한다. 울음은 '벽'이 아니라 "목을 풀며 기다리"는 '바닥'이다. 우리, '바닥'에서 만나요! '남의 울음'과 '제 울음'이 만나 통하는 건 순식간이다.

마지막 연의 "울어주는 여인"은 곡비(哭婢)를 떠올리게 한다. 시에서는 창밖 여인의 울음에 기대어 울고 있지만, 울음

자체가 삶의 비애를 터뜨리는 곡비 아닐까. 그래서 울음은 다음과 같이 몸을 입는다. "가슴은 두근거려도/등을 쓸던 손바닥은 따스했다". 울음의 몸에 기대어 어린아이처럼 잠든 모습을 보라. "그 울음을 베고 잠이 들었다". 울음은 혈육, 특히 엄마와 아이와 가깝게 있다. 그리고 그것은 종종 사랑의 표현이기도 하다.(「다정한 울음」, 「울음에도 녹이 슨다」)

극단적 상황에서 울음은 더 적극적으로 말을 걸고 행위를 요구한다. 「누군가 말을 걸었다」를 보면 '사이렌 소리—여자—태어날 아이—사라진 기도—피뢰침'의 위급한 상황인데 "울음 끝에 걸터앉은 여자"를 대신해 매미의 "촘촘하게 짜인 울음이 말을 걸었다". 울음은 듣는 사람을 방관자로 두지 않는다. 울음 사건에 연루시켜 어떤 행동이든 요구한다. 스스로에게도 그렇다. 겨울의 꽁꽁 언 강 위에 누웠던(「갈색 구두」) 몸을 울음은 일으켜 세운다. "물속으로 향한 발걸음은/마치 물 밖으로 도망친 듯 얼어 있다". 울음은 물속(죽음)에서 물 밖(삶)으로 건져 올려, 살게 하는 힘이기도 하다.

착지; 올라가는 동안 배워가는 기특한 마음

'날개잠을 자는 나비'와 '눈먼 새'는 이방인으로 사는 시인을 상징한다. 나비가 출발지에서의 꿈의 자아라고 한다면 눈면 새는 기착지에서의 현실—자아다. "올라갈 수 있다면 다시는 내려오지 않을 거야"(「새 구두를 사야 해」), 강파른 다짐과 "자리를 차지하고 앉으려는 마음"(「어두운 거리」)에도 불구하고 꿈은 멀고 현실은 맹목의 유리창이다. 비상하려던 꿈은 추락을 거듭한다. 자아는 현실의 갖가지 난관과 대결하면서도 '꽃자리를 찾아온 나비'(「흰 못」) 꿈으로 되돌아가곤 한다. "뒤척여도 깨지 않을 꿈처럼/모퉁이를 돌면 다시 모퉁이로 돌아온다"(「빨강을 삼키는 일」). "잠들지 않은 꿈"(「벽—신부를 안고 달아나는 다리가 긴 남자를 위하여」)은 욕망의 지속이다.

> 저 고개를 넘으면 이제 어른이 되는 거야
> 알려주지 않는다 하여도
> 올라가는 동안 배워가는 기특한 마음
>
> —「그래서 봄은 릴레이를 좋아해요」 부분

가파른 언덕을 숨이 차게 올라가면서 나름 요령을 피워본다. 성큼성큼 크게 발을 떼기보다 잔걸음으로 가파른 선을 잘라 평면처럼 만들어 걷는 것이다. 삶의 벼랑을 자르고 잘라서 평평한 선으로 만들어 걷기. 나는 그걸 삶의 미분이라 말하고 싶다. 삶의 경사(傾斜)가 해결되는 것은 아니지만 삶을 견디는 지혜라고 할까. 시인도 이와 비슷한 경험을 했나보다. 대개의 경우 삶의 사태는 한 번에 들이닥치지 않는다. '봄'처럼 '고개'의 연속, 릴레이인 것이다. "한 고개 넘어가서 아이고 다리야, 두 고개 넘어가서 아이고 다리야……"(유희 동요 「여우야 여우야 뭐하니」), 노래하면서 하나씩 고비를 넘긴다. 비상을 꿈꾸던 "오지 않을 아침은 어디에도 없다"(「빨강을 삼키는 일」), "두 발이 꼬여 넘어진다 하여도/날개만 잃지 않으면 되리라"(「들숨과 날숨처럼」)던 욕망의 자아가 슬그머니 사라졌다. 대신 "올라가는 동안 배워가는 기특한 마음"을 얻었다.

느릿한 낮잠 속
엄마는 체조 선수를 꿈꾼다
육중한 몸통을 번쩍 들어
훨훨 날아갈 수만 있다면
그까짓 관절 약쯤은
베개 속에다 넣어두어도 좋으리라

처음 두근거렸던 날처럼
턱 낮은 문턱을 넘는
익지 못한 소리에 머리를 곱게 빗는다

한 칠 년 지나면 그런대로 지낼 만해요,

아는 바람에도

안전한 모자를 쓴 채 이리저리 흔드는 몸
어느 날엔가 가벼운 착지를 할 것이다

향기 따위는 줍지 않는다 하니
잊고 지낸 밤이 등을 밝힌다
굽이 닳은 구두
일부러 챙겨 듣는 유행가에
한껏 치켜 올린 날이 거꾸로 거꾸로 떨어진다

힘쓰지 않아도
만점짜리 착지를 할 것이다

—「벚꽃 무덤」 전문

위 시는 '벚꽃—엄마—나'의 동일시를 통해 비교적 편안해진 근황을 전한다. 어느 봄날, 시인은 난분분 떨어지는 벚꽃 아래 서 있다. 그런데 시인의 시선이 전과 확연히 다르다. '벚꽃 무덤' 아래서 '추락' 대신 '착지'를 연상한다. "변하지 않을 중심이란 목을 내어주는 일"(「흰 못」)과 마찬가지로 삶의 중심에 관해 말하고 있지만 비장함이 사라지고 유연해졌다. 짧지 않은 시간의 고개를 "올라가는 동안 배워가는 기특한 마음"을 얻었나보다. 낮잠 속에서 체조 선수를 꿈꾸는 엄마의 비상의 꿈은 성취지향의 꿈이 아니다. 욕망이기보다는 소원으로서의 꿈. "이리저리 흔드는 몸"은 힘쓰지 않으며 가볍게 공기의 움직임을 즐긴다. '착지'는 '바닥'과의 조우다. 날개 대신 '몸통'의 부상(浮上)과, 최후의 발바닥과 '바닥'의 조우. '바닥'의 새로운 발견이다.

> 가장 여린 줄기를 찾아
> 점점이 부러질 듯 낮은 곳으로 내려와
> 결국 저를 완전히 맡긴다
> 휘어진 풀줄기들
> 서로가 서로에게 더해 주는 위안의 몸짓이
> 바닥에 닿으려는 찰라
> 솟구치듯 일어서는 새의 마음
>
> —「새는」 부분

'눈먼 새'였던 현실—자아의 눈[眼]이 회복되었다. "가장 여린 줄기를 찾아" → "낮은 곳으로 내려와" ⇒ "저를 완전히 맡긴다". 창공에서 '바닥'으로 지향점이 전환되었다. 바닥을 향한 시선은 폭이 넓고 여유롭다. "지나온 거리를 가늠해보고/활짝 열린 문을 일부러 닫지 않는다"(「도둑맞은 뒤태들」). 불안 때문에 높이 세웠던 벽과 울타리는 제거되었다. 열린 문은 마음이 너나들이 하는 통로가 된다. "바랜 새똥은 흰 꽃잎이 되고/그 약한 부름에/제일 먼저 응답하며 날아온 나비"(「마음을 주었네」), 이제 활짝 개방된 마음은 지붕 위 새똥을 흰 꽃으로 오인하는 즐거운 착시를 일으키기까지 한다.

“필요한 것은 구멍 같은 이야기였다/누군가에게 들려줄/멋진 여행과 모험에 관하여/눈감아도 멈추지 않는 불꽃들”(「힘이 세다」). 정주하지 못하는 삶의 비가, 가마우지의 노래가 “솟구치듯 일어서는” 즐거움의 노래로 조바꿈(轉調)이 일어나고 있다. “어느 날엔가 가벼운 착지를 할 것이다”. “힘이 더는 들어갈 자리가 없을 때 그때의 자세를 생각해본다. 분명 아기 자세는 아닐 것이고 내가 찾으려고 애쓰는 그 어떤 자세일 것이다.”(「아기 자세」, 『상하이 모던』)

그냥, 이라는 말은
당신과 나 사이에 자라는 나무입니다

기침이라도 하듯
흔들리는 잎사귀
고인 그늘만큼 가린 얼굴 위에

당신도 나도 될 수 없는 자리
살포시 내려와 웃는 낯익은 소리

늘어선 햇살이 자근자근 부서집니다

주머니마저 가벼운
뺑 뚫린 기억
모으다 놓친 색깔처럼

당신이 지워질 때까지만
맨발로 서 있겠습니다

—「그냥, 이라는 말」 전문

이 도서의 국립중앙도서관 출판시도서목록(CIP)은 서지정보유통지원시스템 홈페이지(http://seoji.nl.go.kr)와 국가자료공동목록시스템(http://www.nl.go.kr/kolisnet)에서 이용하실 수 있습니다.(CIP제어번호: CIP2018033721)

시인동네 시인선 099
누군가 말을 걸었다

초판 1쇄 인쇄 2018년 10월 29일
초판 1쇄 발행 2018년 11월 5일
지은이 우유진
펴낸이 고영
책임편집 서윤후
디자인 헤이존
펴낸곳 문학의전당
출판등록 제2017-000002호
주소 서울시 마포구 마포대로 11길 91, 3층
전화 02-852-1977 팩스 02-852-1978
전자우편 sbpoem@naver.com

ISBN 979-11-5896-398-9 03810

* 이 시집은 '2013년 아르코 문학창작기금'을 지원받아 제작되었습니다.